LES PLAISIRS DE L'HOSPITALITÉ,

OPÉRA COMIQUE.

EN UN ACTE, MÊLÉ DE VAUDEVILLES;

Par le Citoyen P I I S.

Représenté, pour la première fois, sur le Théâtre du Vaudeville, le 23 Brumaire, l'an 3me. de la République Française.

PRIX : trente sols, avec la Musique.

A PARIS,

Chez le Libraire, au Théâtre du Vaudeville;
Et à l'Imprimerie, rue des Droits de l'Homme,
N°. 44.

An Troisième.

PERSONNAGES.	ACTEURS.
	Les CC. et Cnes
SIMON, Bûcheron.	Vée.
SIMONET, son Fils.	Delaporte.
CLAUDIN, Apprentif Bûcheron, ci-devant Moine.	Carpentier.
La Mère ISABEAU, Charpentière, Veuve.	Vée.
ISABELLE, sa Fille.	Belmont.

La Scène est dans une forêt.

LES PLAISIRS DE L'HOSPITALITÉ,

OPÉRA COMIQUE.

Le Théâtre représente l'intérieur d'une forêt. A droite, est une maison de Bûcheron, ouverte de trois petites croisées et d'une lucarne. La porte se trouve masquée, à quelque distance, par un gros arbre qui désigne un chêne.

SCENE PREMIERE.

SIMONET, seul.

J'AI beau regarder. Ce maudit Claudin n'arrive p...

AIR: *Qu'on s'en aille à la guerre.*

En chemin comme il s'amuse
   Sans fin !
Ah ! mon dieu, qu'il est donc buse,
   Claudin !
Alors qu'il était au couvent,
Il devait faire un excellent....
   Fainéant.

C'est toujours sa gourmandise
   Qu'il suit ;
C'est toujours quelque bêtise
   Qu'il dit.
Si d'un moine il n'a plus l'habit,
Il en a gardé l'appétit
   Et l'esprit.

SCENE II.

CLAUDIN, *un panier de provisions au bras*, SIMONET.

SIMONET.

A la fin, pourtant, le voilà..... Eh bien?

CLAUDIN.

Eh bien !

SIMONET.

Nous apportes-tu des fruits à cette fois?

CLAUDIN.

Si j'en apporte, Simonet? et je dis que je m'en vante.

AIR : *Ce mouchoir belle Raimonde.*
J'ai des pommes ravissantes,
Des noix de toute beauté,
Et des poires succulentes !
C'est un sucre, en vérité.

SIMONET.

Ma joie en est sans seconde.

CLAUDIN.

Tu voudrais bien les manger !

SIMONET.

Je voudrais qu'il vint du monde } *bis.*
Pour pouvoir les partager.

CLAUDIN, *posant son panier par terre.*

Vraiment ! vraiment ! faites donc cinq lieues, deux fois par décade, qui font trente lieues par mois, qui font.... je ne sais combien par an, et pourquoi? pour régaler le premier venu !

AIR: *Voyage, voyage, etc.*

Le drôle d'homme que ton père,
Et le drôle d'enfant que toi !
Vous coucheriez toute la terre,
Tant vous êtes de bonne foi.
Pour moi, dieu me pardonne !
Tout le corps me frissonne,
Quand je vous vois loger
 Un étranger.
Quoiqu'on soupe et qu'on jase ensemble,
Je suis quand il faut sommeiller,
 Une heure à bâiller
 Sur mon oreiller.

Je me dis comme cela.... voilà un pélerin qui m'a l'air d'un parfait honnête homme, mais si c'était aussi bien un.... enfin, suffit..... Je m'endors par là-dessus ; mais tout en dormant.....

Je tremble (*bis.*)
De ne plus m'éveiller. (*3 fois.*)

SIMONET.

Va, va ! on voit bien que tu as passé ta jeunesse chez des moines.

CLAUDIN.

Tais-toi, méchant, tu m'avais promis que tu ne m'en ferais plus de reproches.

SIMONET.

C'est vrai, mais tu m'avais promis de changer de caractère.

CLAUDIN, *obstinément.*

Même air.

Il est un vieux proverbe en France
Qui dit que de la sûreté
La mère, c'est la méfiance,
Et ce proverbe est là, planté.

(*Il montre son front.*)

SIMONET.

Et moi, tout au contraire,

(*Il montre son cœur.*)

J'ai là, ce que ma mère

Me disait si souvent,
De son vivant :
» Que tout passant, comme en famille,
» Par vous fêté,
» Soit bien traité,
» Car, en vérité,
» L'Hospitalité
» Est fille   (bis.)
» De la Fraternité. »   (3 fois.)

CLAUDIN.

Tout cela est bel et bon, mais on ne guérit pas de la peur

SIMONET.

Non, mais quand on a le cœur dur, il faut tâcher d'en guérir.

AIR : *Vaudeville de l'Isle des Femmes.*

De ses semblables, voyez-vous
Quel est l'homme qui se sépare !
Quel est l'ami de ses verroux !
C'est ou l'égoiste ou l'avare.
Mais des braves républicains,
Le logis est, sans qu'ils s'en lassent,
Comme l'arbre des grands chemins,
Dont l'ombre est à tous ceux qui passent.

CLAUDIN, *hochant la tête et emportant son panier.*

Hom! hom! hom! je vais mettre la table.

(*Il rentre.*)

SCÈNE III.

SIMONET, *seul.*

Mon père ne vient pas! apparemment que cette coupe de bois l'occupe lui et ses ouvriers plus long-tems qu'il n'imaginait..... Sans Claudin, j'aurais pourtant été travailler avec eux, mais on est assuré que s'il venait quelqu'un lorsqu'il est ici tout seul, il commencerait par lui fermer la porte au nez..... Et en attendant je n'apprends pas mon métier ! Oh ! j'irai demain au bois, coûte qui coûte. (*Il prend sa petite hache qui est à terre près de la porte.*) Il ne sera pas dit que mon père m'aura fait faire des outils pour rien.

AIR : *Ma barque légère.* (De la Rosière.)
de Grétry.

Ma hache légère,
J'en suis presque sûr,
Va jetter par terre
L'arbre le plus dur.

Sur-tout, quand je pense
Que ce bois nouveau,
Sert à faire en France
Maint et maint vaisseau,
D'où nos canoniers, sans délais,
Sans relais,
Lancent aux anglais,
Mille et mille boulets.

(*A sa hache.*)

Plus je te regarde,
Plus je sens, morbleu !
Qu'à mon bras il tarde
De te mettre en jeu. (*bis.*)

D'objecter mon âge
Mon père auroit tort :
Avec du courage
On est toujours fort.
Si c'est en forgeant
Qu'on devient forgeron,
Ce n'est qu'en coupant
Qu'on devient bûcheron. } *bis.*

D'objecter mon âge, etc.

SCENE IV.

SIMONET, SIMON.

SIMON, *l'habit sur le dos et la hache à la main.*

Bien, bien, mon fils, j'aime à te voir de cet humeur-là.

SIMONET.

Oh! dame, papa, je ne te croyais pas si près.

SIMON.

Et encore un coup, je ne t'en veux pas.

Air : *Oui, ce Colinet, etc.*
Tu promets de faire
Aussi bien que ton joyeux père,
Un bon
Bûcheron,
Tout uni, tout franc et tout rond :
Loin d'aller au bois, avec la mine renfrognée,
Tu travailleras
Matin et soir, à tour de bras.....

SIMONET.

Oh! oui, je t'en réponds!

SIMON.

Tu ne jetteras
Pas
Le manche après la cognée,
Comme ce Claudin,
Qui ne fait rien
Qu'avec dedain.

SIMONET, *avec bonté et pour excuser Claudin.*

Ce n'est pas manque de bonne volonté, mon père, c'est qu'il manque d'adresse, et puis tenez, il a été à si mauvaise école pour le travail, qu'il faut passer quelque chose pour son apprentissage.

SIMON.

Tu as raison, et je ne demande pas mieux que de patienter; mais justement, j'ai quelque chose à vous faire faire ici à tous les deux, et tu vas voir s'il ne va pas chercher des prétextes pour ne pas nous prêter la main. Claudin! Claudin!

SCENE V.

SIMON, SIMONET, CLAUDIN.

CLAUDIN, *en dedans et en traînant la voix.*

Hein?

SIMONET.

Arrive donc.

CLAUDIN.

Ah! c'est vous, père Simon! c'est-il pour mettre la table! elle est toute mise, allez! (*Il rit.*)

SIMONET, *le tirant par sa veste.*

Tu n'y es pas. Papa a quelque chose à nous faire faire auparavant.

CLAUDIN, *changeant de figure.*

Bah!.... Qu'est-ce que c'est donc?

SIMON, *toisant le chêne qui masque l'entrée de sa porte*

Oui..... oui..... cela sera beaucoup mieux. Ecoutez ici, tous deux. (*Il les prend chacun par une main et les amène sur le devant de la scène. Claudin a toujours l'air inquiet.*)

AIR: *Je ne suis pas si diable.*
Dans toute l'étendue
Qui coupe la forêt,

Il ne s'offre à la vue
Poste ni cabaret ;
Et vous jugez, sans doute,
Que c'est beaucoup
De faire ainsi la route,
Sans boire un coup.

CLAUDIN, à part.

Je ne m'en appercois que trop, quand je vais au marché.

SIMON.

Même air.

Il faut, à coups de hache,
M'abattre, et pour raison,
Ce grand chêne qui cache
Ma petite maison......

(*Presqu'au Public, en montrant sa maison.*)

Je veux, si d'un hospice
Il a besoin,
Que tout voyageur puisse
La voir de loin.

CLAUDIN, à part.

En voilà bien d'un autre, à présent ! mais demandez-moi donc un peu à quoi d'able il va se casser la tête ?

SIMONET.

Ah ! papa, tu viens d'avoir là une bonne idée !

SIMON, *toisant encore l'arbre.*

N'est-ce pas ?

CLAUDIN, à Simon.

Ah ! ça, dites donc, papa Simon, est-ce que c'est, par hazard, pour ce soir, (*Il porte la main à sa bouche.*) avant de ?....

SIMON.

Si c'est pour ce soir ?

AIR, *Réveillez-vous belle endormie.*

Trop long-tems devant ma retraite
Cet arbre m'a choqué les yeux,
Et quand justice en sera faite
J'en souperai quatre fois mieux.

Attendez-moi là, vous autres. Je vais chercher les cordages qui nous sont nécessaires, et ce ne sera pas long ; et je dis toujours que.....

J'en souperai quatre fois mieux !

(*Il rentre.*)

SCENE VI.

SIMONET, CLAUDIN.

CLAUDIN.

Il en soupera quatre fois mieux ! D'où vient est-ce qu'il parle toujours par *énigmes*, ton père ? Il veut peut-être dire que le travail lui donne des forces ; en ce cas là il ne me ressemble guères, car le travail me les ôte que ça fait trembler, sur-tout quand j'ai faim.

SIMONET.

Que tu es donc paresseux ! je n'ai pas voulu te le dire devant mon père.

CLAUDIN.

Je te suis toujours bien obligé.

SIMONET.

Mais, dis-moi un peu, quand tu étais portier, frère lai, frère coupe-choux, frère je ne sais quoi, dans ton maudit couvent, est-ce que tu te couchais, par hazard, comme les poules ?

CLAUDIN.

Pardié ! dès que venait la brune ; si je ne me couchais pas, du moins je restais les bras croisés, et je dis que le vent ne faisait pas dans notre cloître, comme il fait les soirs dans cette forêt..... vou! vou! vou!... D'ailleurs.....

Air : *La fille à Nicolas.*

Aussitôt qu'il marquait sept heures
Au cadran de Saint-Nicolas,
Les verroux et les cadenats
Fermaient nos tranquilles demeures.
Si l'on frappait (passé sept heures,)
Par le guichet, tout bas, tout bas,
Tout bas, (4 *fois.*)
Nous répondions : *Dieu vous bénisse!* et nous n'ouvrions pas,
Et nous n'ouvrions pas.

SIMONET.

C'était tout commode pour ceux qui demandaient l'hospitalité; mais, on vous occupait du moins à quelque travail? à quelque prière?

Même air.

Ne disais-tu pas des matines?

CLAUDIN.

Qui, moi! lire en latin! morbleu!
Pas si bête! auprès d'un bon feu
Je me chauffais dans les cuisines,
Et puis, vois-tu, quant aux matines,
Je te le dis tout bas, tout bas,
Tout bas, (4 *fois.*)
Nous les sonnions (*bis.*) mais nous n'en disions pas. (*bis.*)

―――――――――――

SCÈNE VII.

SIMONET, CLAUDIN, SIMON, *des cordages d'une main, et de l'autre une longue et vieille hache.*

SIMONET, *à Claudin.*

Tais-toi, tais-toi, voici mon père, tu sais qu'il n'aime pas entendre parler de ces choses-là.

SIMON.

AIR : *Toujours seule, disait Nina.*

Tiens, Claudin, j'apporte pour toi
Ma hache de réforme.

CLAUDIN, *la tenant gauchement et paresseusement.*

Ah! mon dieu, que c'est lourd pour moi!
Elle est d'un poids énorme!

SIMON, *la lui arrachant.*

Morbleu! c'est ainsi qu'on la prend!
Le nœud le plus récalcitrant,
De son tranchant
Son fer le fend,
Rien qu'en
Faisant
Simplement :
Han!

CLAUDIN, *bien lentement.*

S'il ne tient qu'à faire han! je ferai han! mais dame, aussi, on ne peut pas deviner le fin d'un métier tout de suite. Sûrement que tu le savais toi, Simonet, puisque je te vois rire. Tu aurais dû me le dire plutôt. Han! han! han! c'est tout simple ça. Han!... ça va tout seul.

SIMON.

Il ne s'agit pas de bavarder, il faut entamer la besogne. Allons, mon fils, à l'ouvrage.

Ils se campent en attitude lui et son fils des deux côtés de l'arbre. Claudin court devant et derrière pour chercher une place.

SIMONET, *tenant sa hache en arrêt et son pied au bas de l'arbre.*

Quand vous voudrez, papa.

On joue la ritournelle de l'air suivant, et Claudin mesure ses mouvements sur ceux de Simon, quoique toujours embarassé de sa personne.

SIMON.

AIR: *Tic, tac, toc, le verre à la main.*

Une et deux et trois,
Par la corbleu! je crois
Que du coup j'ai fait brèche.

SIMONET, *idem.*

Une et deux et trois,
Par la corbleu! je crois
Que du coup j'ai fait brèche.

SIMON, *fortement.*

Frappons fort,
Et frappons d'accord.

CLAUDIN, *crachant dans ses mains.*

Ftu!.... ftu!.... ftu!.... Que j'ai la main sèche!

SIMON et SIMONET.

Frappons fort,
Et frappons d'accord;
A la fin le chêne aura tort. (bis.)

CLAUDIN.

Je trouve qu'il a déjà tort.

On joue la dernière partie de l'air en ritournelle, et ils continuent de frapper.

SIMON.

2me. Couplet.

Le pauvre Claudin
Souvent reste en chemin.
Mon dieu! qu'il a l'air drôle!

SIMONET, *idem.*

Le pauvre Claudin
Souvent reste en chemin.
Mon dieu! qu'il a l'air drôle!

CLAUDIN.

J'aurais tort
De frapper si fort :
On peut se démettre une épaule.

SIMON et SIMONET.   CLAUDIN.
Frappons fort,   J'aurais tort
Et frappons d'accord,   De frapper trop fort :
Il finira par avoir tort.   Mais voyez donc s'il bouge encor.

On joue encore la dernière partie de l'air, pendant qu'ils frappent en suivant la mesure.

SIMON.

Voilà qui est bien, mais il ne s'agit pas de ça ; j'ai oublié de passer cette corde-là tout autour du faîte. Ce n'est pas moi qui veux monter sur l'arbre. Je dis que je suis un peu trop bien portant. (*Il se tappe le ventre.*) C'est Claudin que ça regarde, il n'est ni trop jeune ni trop vieux, et il doit être ingambe comme un.....

CLAUDIN, *effrayé de la proposition.*

Moi ! moi ! moi ! oh ! bien ! par exemple, c'est ce qui vous trompe terriblement !..... Je le voudrais de tout mon cœur..... ce serait avec le plus grand plaisir.... Mais tenez, père Simon, vrai, vrai, vrai !..... Du tems que j'allais à l'école.....

AIR : *Accompagné de plusieurs autres.*

Lorsque mes petits compagnons
Se perchaient tous sur les ormeaux,
Pour attraper des nids de merles,
Par charité, moi, j'y laissais
Le père, la mère et le fils,
Accompagnés de plusieurs autres.

Donnez-moi toute autre chose à faire, demandez-moi tout ce qu'il vous plaira, mais pour grimper-là....

SIMONET, *à Simon qui hausse les épaules.*

Eh bon dieu ! voilà bien des façons pour une bagatelle. Donne-moi la corde, papa.

Il grimpe et entoure l'arbre par un trou pratiqué aux deux coins.

SIMON.

Tiens, mon garçon.

CLAUDIN, *à part, sur le coin de la scène.*

Tatigué! comme il est subtil. C'est dans le sang ça! ce n'est pas dans les jambes !.....

SIMON, *lui remettant l'autre bout de la corde et lui frappant sur l'épaule.*

Ah! ça, j'espère, Claudin, que tu pourras au moins t'emparer de ce bout-ci, et le tirer à toi, par là-bas, (*Il lui montre le derrière de la maison.*) tant que tu auras de force. C'est à ta portée ça !

CLAUDIN, *badinant la corde et gaîment.*

Terre à terre, n'est-ce pas ? terre à terre !

AIR : *Mon petit cœur, etc.*
Très-volontiers, ah ! qu'à cela ne tienne.....
(*Il revient sur ses pas.*)
Mais dites-moi pourtant la vérité ;
(*Il montre l'arbre.*)
A l'entraîner s'il faut que je parvienne,
Ne peut-il pas tomber de mon côté ! (*bis.*)

SIMON, et SIMONET.
Assurément.

CLAUDIN.

Eh! mais rien n'est si traître !
Vous voulez donc que j'attende les coups !
Sur l'arbre, hélas ! autant je craignais d'être,
Autant je crains d'être à présent dessous.

SIMON, *le poussant dans la coulisse.*

Ah! que tu es nigaud ! vas toujours où je t'envoye; on voit venir l'arbre et on s'enfuit.

CLAUDIN, *à part en s'en allant.*

Je commencerai par m'enfuir, et puis l'arbre viendra quand il voudra, je vous en préviens.

On joue la ritournelle de l'air du vaudeville du Sorcier, et Simon frappe encore avec son fils.

SIMON

SIMON et SIMONET, *frappant en mesure.*

AIR : *Vaudeville du Sorcier.* (en Duo.)

A tour de bras il faut que j'aille,
Puisqu'enfin il est chancelant.
A force d'élargir l'entaille,
Nous en viendrons à bout, vraiment ;
Mettons-nous donc tous en colère ;
Allons, allons, point de quartier.
Frappons tant,   (7 *fois.*)
Qu'il soit tout de son long par terre....

(*L'arbre tombe.*)

CLAUDIN, *revenant quand il est tombé.*

Je vous prédis qu'il va plier.

SIMON et SIMONET.

Il est sorcier !   (*bis.*)

CLAUDIN.

Ouf ! voilà un arbre qui nous a donné bien de la peine. (*Il reprend sa hache et frappe la souche.*)

SIMON.

Qu'est-ce que tu fais là ?

CLAUDIN.

Ce que je fais ! je l'achève !.....

SIMON, *prenant l'arbre par le pied et avec peine*

Ôtes-toi de là.... Tiens, mon fils, aide-moi à ranger cet arbre-là le long de notre maison.

Simonet prend la tête de l'arbre et ils l'entrent, en ayant l'air de peiner, dans le fond de la coulisse.

CLAUDIN, *en accourant sur le devant de la scène et en se frottant les mains d'aise.*

Nous allons donc souper ! nous allons donc souper ! nous allons donc sou.... Ah ! mon dieu ! qu'est-ce que j'entends ?

B

La Mère ISABEAU, *dans le fond du bois, dans la partie gauche, c'est à dire, en face de la maison.*

Air : *Du bien aimé.*

Comment faire ! et quel désespoir !
Mon Isabelle,
Où donc est-elle !

CLAUDIN, *tout effrayé et sans oser remuer.*
Je n'en peux plus.

La Mère ISABEAU.
Dans une heure il va faire noir ;
Mon Isabelle,
Où donc est-elle !

CLAUDIN.
Qu'est-ce que c'est que ça ?....

La Mère ISABEAU.
Mais, mais, j'appelle.... (bis.)
Hélas ! hélas !

CLAUDIN.
Simon ! Simon ! Simonet !

La Mère ISABEAU.
La pauvre enfant ne répond pas ! (bis.)

SIMON, *revenant de la coulisse attenante à la maison.*
Eh bien ! qu'est-ce que c'est ?

CLAUDIN, *montrant la gauche, sans remuer.*
Là, là, là, là, vous dis-je......

SIMONET, *revenant de la même coulisse.*
Qu'est-ce qu'il y a donc ?

CLAUDIN.
Pas une goutte de sang dans mes veines;

La Mère ISABEAU, *d'une voix plus rapprochée.*
Ah! mon dieu! mon dieu, est-il possible!

CLAUDIN.
Entendez-vous, à présent!

SIMON, *tristement.*
Effectivement, ce sont des plaintes!

SIMONET, *vivement.*
Papa! c'est une femme en pleurs, et qui vient par-ici!

SIMON.
Courons au-devant d'elle.....

CLAUDIN, *courant derrière la porte de la maison, qu'il tient entre-baillée sur lui.*
Comme c'est imprudent! s'il y a des voleurs qui la poursuivent!

SCENE VIII.

Les précédens, La Mère ISABEAU, *absolument dans le costume et avec la calèche de calmande grise de la nourrice de Fanfan et Colas.*

La mère ISABEAU, *ramenée par Simon et Simonet.*

AIR: *Et zig et zog.*

Citoyens! par pitié,
Daignez secourir d'amitié

Une pauvre veuve en pleurs,
Dont vous plaindrez les malheurs.
Hélas! en voici l'histoire :
Pour nous trouver à la foire
Qui se tient demain matin,
Ma fille et moi, piâne, piâne,
Un peu trop loin de notre âne,
Nous suivions le grand chemin,
Quand le bois, voyez-vous,
A retenti de si grands coups

(*Simon et Simonet se regardent tristement.*)

Que notre âne effarouché,
Dans les taillis s'est caché;
Comme il porte une cassette,
Pour faire à la foire emplette,
Ma fille a vite couru.....
J'ai couru vite après elle.....
Mais en courant de plus belle,
Chacun de nous s'est perdu.....

SIMON et SIMONET.   CLAUDIN, *toujours collé à la porte.*

O ciel!   Voyez-vous ça.

La Mère ISABEAU.

Citoyens! par pitié,
Daignez secourir d'amitié
Une pauvre veuve en pleurs,
Dont vous savez les malheurs. } *bis.*

CLAUDIN, *sans quitter la porte.*

St? st? Simon! tiens, passe lui cette chaise-là.

SIMONET, *la faisant asseoir.*

Pauvre femme! Voilà comme ma mère aurait été si je me fusse jamais éloigné d'elle.

CLAUDIN, *s'approchant enfin par degrés.*

Et combien est-ce qu'il peut y avoir dans votre cassette?

La Mère ISABEAU.

Hélas! mon brave citoyen, il y a des hardes et

(21)

douze cents livres en assignats ; mais je donnerais bien encore le double pour que ma pauvre enfant.... (*Elle suffoque de larmes.*)

SIMON, *qui jusques-là était resté comme abasourdi.*

Citoyenne, il ne faut pas te désespérer, ce bruit que tu as entendu, nous étions obligés de le faire en abattant un arbre ; mais console-toi.....

(*à Simonet.*)

AIR : *De Nantilde et Dagobert.*

Mon fils et moi, nous pouvons fai-re le tour de la fo-

rêt en-tiè-re, Sans crainte de nous é-ga-rer, Sui-

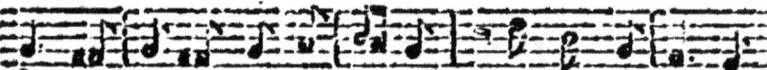
vons cha-cun di-ver-se rou-te; Nous a-vons fait le

mal, sans dou-te, C'est à nous à le ré-pa--rer,

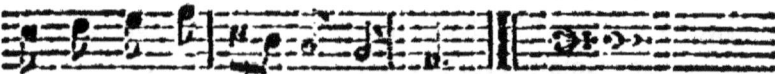
C'est à nous à le ré-pa-rer.

ENSEMBLE, *en partant chacun de leur côté.*
C'est à nous à le réparer.

La Mère ISABEAU, *toujours assise.*

Puissiez-vous réussir, mes braves citoyens ; je vais vous attendre.

SIMON, *d'une voix déjà éloignée.*

Claudin ! aye bien soin de la citoyenne, jusqu'à notre retour.

CLAUDIN, *criant sur le même ton.*

Soyez tranquille : elle me tiendra compagnie.

SCÈNE IX.

La Mère ISABEAU, CLAUDIN.

La Mère ISABEAU.

Pourvu que ce digne homme et son fils ne fassent pas comme moi des recherches inutiles, car je me suis déjà bien lassée en vain.

CLAUDIN, *avec une pitié bêtement cruelle.*

Ah ! dame !

AIR : *Daignez m'épargner, etc.*

Ce n'est pas pour vous effrayer,
Mais quoiqu'on dise et quoiqu'on fasse,
Dans mon petit particulier
Je me mets bien à votre place ;
Vos assignats seront perdus,
Rien n'est plus sûr, je vous l'atteste :
Aussitôt qu'on les aura vus,
On aura mis la main dessus.
N'espérez pas qu'il vous en reste. (*bis.*)

La Mère ISABEAU.

Je vous ai déjà dit que je n'étais inquiète que de ma fille. Heureusement qu'il n'y a point de voleurs et que la forêt est peu fréquentée.

CLAUDIN.

Peu fréquentée, comme vous dites : c'est bien le tant pis.

Même air.

Si c'était un garçon, vraiment,
Je vous dirais : prenez courage ;
Mais une fille, franchement,
De vous à moi, c'est bien dommage !
Au haut d'un arbre, voyez-vous,

(*Il contrefait lourdement ce qu'il a vu faire à Simonet.*)

Un garçon grimpe d'un air leste.....
Une fille reste dessous !
La nuit arrive, et puis les loups !....
Vous devinez bien le reste. (*bis.*)

ISABEAU, *le mouchoir à la main.*

Daignez m'épargner le reste.

CLAUDIN.

Vous avez peut-être besoin de prendre quelque chose ! une poire ? un verre de vin ?

La Mère ISABEAU.

Je vous asure que non.....

CLAUDIN.

Que ne puis-je en dire autant ?.... Hélas ! voilà notre soupé bien reculé !..... Mais comme elle est triste ! comme elle laisse tomber la conversation !.... Il faut que j'essaye encore de la consoler. (*Il va près de son oreille, la voyant accablée.*)

AIR : *De la forêt noire.*

Aviez-vous avant de partir
Fait manger votre bête !

La Mère ISABEAU.

A mes maux daignez compatir
Sans me rompre la tête.

CLAUDIN.

Ecoutez donc, citoyenne, c'est par intérêt pour tout ce qui vous appartient, ce que j'en dis, moi.

On est sensible! et mon chagrin est sans égal,
Quand je songe à cet animal,
Qui va toute la nuit, sans manger et sans boire,
Fatiguer à courir dans la forêt noire. (bis.)

(*à part.*)

La citoyenne m'a l'air si occupée que je pourrais fort bien faire là-dedans une petite absence, au profit de mon estomac, sans qu'elle s'en apperçoive

(*Il passe devant elle, en marchant sur la pointe du pied, comme devant une personne endormie.*)

SCENE X.

La Mère ISABEAU, seule.

AH! (*Elle se lève.*) que ce garçon gênait ma douleur, et qu'il l'augmentait en même tems par ses réflexions déplacées! Ils ne reviennent pas encore, mais j'aime à croire que c'est bon signe. Il semble que la lune se soit levée pour être favorable à leurs recherches. Tout me dit qu'elles ne seront pas infructueuses.

AIR: *Vaudeville de la Piété Filiale.*

Ce bûcheron compatissant
S'est attendri sur mes alarmes,
En moins de rien, j'ai vu l'instant
Qu'il mêlait ses pleurs à mes larmes;
Il est vrai qu'il a le bonheur,
A ce que j'ai vu, d'être pere,
Et c'est d'après son propre cœur
Qu'il a plaint le cœur d'une mere. (bis.)

Hélas! ils ne paraissent point!
Mon inquiétude redouble.
Ciel protecteur! jusqu'à ce point,
Peux-tu bien augmenter mon trouble!
Hâte-toi plutôt de m'offrir
La pauvre enfant qui m'est si chère.
C'est pour aimer, non pour souffrir,
Que tu fis le cœur d'une mere. (bis.)

SCENE XI.

La Mère ISABEAU, CLAUDIN.

CLAUDIN, *une poire et du pain à la main et la bouche pleine, entre-bâillant la porte.*

Citoyenne, je suis toujours là, entendez-vous? C'est que si vous aviez peur, il faudrait me le dire....

La Mère ISABEAU.

Ce n'est pas précisément après vous que j'attends; ne vous gênez pas, je vous en conjure.

CLAUDIN.

A la bonne heure, si cela vous accomode. Dévorez donc votre chagrin toute seule. (*Il referme la porte.*)

SCENE XII.

La Mère ISABEAU, SIMON, *d'abord dans la coulisse.*

SIMON, *la cassette sous le bras.*

[Air: *Rassurez-vous, belle Suzanne.*

Citoyenne! bonne nouvelle!
Non, je ne t'en impose pas;
Je la rapporte....

La Mère ISABEAU.
Où donc est-elle !

SIMON, *entrant.*
Parbleu ! je la tiens sous mon bras.
Que sur ton front la gaîté brille,
Tout ton trésor s'y trouve bien.

ISABEAU, *avec abandon.*
Mon trésor, à moi, c'est ma fille ! ⎫ *bis.*
Sans celui-là, l'autre n'est rien. ⎭

SIMON.
Ecoutez donc, citoyenne, donnez-vous patience et sur-tout prenez courage. (*Il pose la cassette sur la chaise.*) Maintenant que voilà la cassette, je retourne chercher la petite citoyenne, et il faut espérer....

La Mère ISABEAU, *vivement.*
Oh ! cette fois-ci, je retourne avec vous. Je ne suis plus fatiguée du tout. Donnez-moi votre bras.

(*Ils vont pour reprendre le même chemin.*)

SCENE XIII.

La Mère ISABEAU, SIMON, SIMONET, ISABELLE.

SIMONET, *de la coulisse opposée.*

Papa ! papa ! citoyenne ! arrêtez, arrêtez. Ce que vous allez chercher, (*Il entre, tenant la petite par la main.*) je vous l'amène. (*Isabelle embrasse sa mère, Simon et Simonet.*)

ISABELLE.

AIR: *Ah! maman, etc.*

Ah! maman, que je l'échappe belle!
J'allais,
Je courais,
J'avais
Une frayeur mortelle:
Ah! maman, que je l'échappe belle!
Sans lui, franchement,
Je perdais tout en te perdant.
Par bonheur que j'ai tourné la tête,
Quand il me criait: arrête, arrête, arrête,
J'ai bien vu qu'il avait l'air honnête,
Et le doux maintien
D'un parfait petit citoyen.

ENSEMBLE.

ISABELLE.	La Mère ISABEAU, SIMON.
Ah! maman, etc.	Pauvre enfant, que tu l'as échappé belle!
	Tu devais avoir
	Le soir
	Une frayeur mortelle!
	Pauvre enfant, que tu l'as échappé belle!
	Sans lui, franchement,
	Tu perdais tout en me/la perdant.

(*La mère et la fille s'embrassent encore.*)

SCENE XIV.

Les précédens, CLAUDIN.

CLAUDIN.

Tiens! tiens! voilà tout le monde retrouvé. Tiens! voilà la cassette aux assignats! Eh vite! mettons la table.

SIMONET.

Je vais t'aider. (*Ils vont chercher la table, et il n'y a que des fruits.*)

La Mère ISABEAU, à *Simon*.

Comment pourrons-nous jamais reconnaître, ma fille et moi ?.....

SIMON, *vivement*.

AIR : *Pour un maudit péché.*

Un tel discours est vain,
Point de reconnaissance ;
Apprenez que je pense
En vrai républicain.
Je veux dans ma chaumière,
Si je fais peu de bien,
Etre en droit de le faire
    Pour rien.

(*La table doit être mise et les chaises placées.*)

La Mère ISABEAU.

Je n'ai pas eu intention de vous fâcher.....

SIMON.

Eh bien, mettez-vous là, et trinquons.....

La Mère ISABEAU.

De tout mon cœur !.... Mais c'est qu'il commence à se faire bien tard. (*On s'attable.*)

SIMON.

Soyez tranquille. Je vois bien ce qui vous occupe. (*à Claudin, qui avait été chercher une chaise pour se mettre à table.*) Ne crois-tu pas te mettre à table, toi ? C'est à ton tour à trotter.

CLAUDIN, *comptant par ses doigts.*

Je vois bien qu'il manque encore quelqu'un de votre compagnie.

SIMON.

Eh bien, ce quelqu'un-là, il faut que tu le trouves. Il fait beau ; ainsi, point de réplique.

CLAUDIN.

Vous le voulez..... Il aura peur de moi..... ou j'aurai peur de lui, déjà et d'un, je vous en préviens.

La Mère ISABEAU.

Je suis bien fâchée de la peine.....

CLAUDIN, *partant*.

Et moi aussi, allez..... Ah que j'ai donc bien fait de me précautionner d'avance.

SCENE XV.

Les précédens, excepté CLAUDIN.

SIMON.

A présent que vous voilà tranquille sur le sort de votre fille, nous allons souper gaîment. Je veux me mettre à côté de vous.

La Mère ISABEAU.

Volontiers..... Eh bien, citoyen ?.....

SIMON, *hésitant*.

Le beau tems ! une femme à table près de moi !... Cela me rappelle ma pauvre défunte ; elle a de ses traits.

La Mère ISABEAU.

Il a l'air préoccupé !

SIMONET, à Isabeau.

Citoyenne, mon papa vous a dit qu'il faisait le bien pour rien ; mais moi, je suis intéressé, et si j'osais, je vous dirais.....

Air : *Je suis Lindor.* (de Paesiello.)

Je suis sans mère.....et c'est pour mon cœur tendre,
Depuis deux ans, un chagrin continu. (bis.)
Vous êtes veuve !....et ce que j'ai perdu, } bis.
A votre tour.....vous pourriez me le rendre. }

SIMON.

Ma foi, citoyenne, ce n'est pas moi qui lui ai fait dire, c'est la nature, et je vous répéterai de tout mon cœur, avec lui :

(*Avec Simonet.*)

Vous êtes veuve, etc.

La Mère ISABEAU.

Citoyen, ce n'est pas chez vous que je répondrai à une pareille proposition..... J'espère que vous viendrez me voir, avec le petit Simonet, quand je serai de retour chez moi ?

SIMON.

Nous aurons ce plaisir. Sans trop de curiosité, de quel état était votre mari ?

La Mère ISABEAU.

Charpentier.

SIMON.

Eh bien, morbleu ! de charpentier à bûcheron, il n'y a que la main.

La Mère ISABEAU.

Encore un coup, nous verrons tout cela en tems et lieu. Mais je voudrais bien que votre apprentif revînt pour pouvoir me mettre en route, par le beau tems qu'il fait.

SIMON et SIMONET.

Y pensez-vous ?

AIR: *Dans notre heureux asile.* (d'Albanèze.)

Dans notre heureux asile,
J'usqu'à demain restez tranquille.
De grace permettez qu'on vous soit utile ;
C'est, en vérité,
Notre félicité,
D'offrir, d'offrir l'hospitalité.

SIMON.

Moi, vous laisser la nuit remettre en route !
A la Fraternité,
A l'Egalité,
A la Liberté,
Le Français maintenant ajoute
L'humanité.
Dans notre heureux asile, etc.

SCENE XVI et DERNIÈRE.

Les précédens, CLAUDIN.

CLAUDIN, *de loin.*

ME voilà ! me voilà !

SIMONET.

Te voilà tout seul ?

CLAUDIN.

Ecoutez donc.....

AIR: *J'ai perdu mon âne.*

J'avais trouvé l'âne,   (bis.)
Mais il a rompu son licou,
Et pris ses jambes à son cou.....
J'ai reperdu l'âne....   (bis.)

(*Claudin vole du fruit et du pain, qu'il met dans sa poche.*)

(32)
SIMON.

Citoyenne, mes coupeurs et moi nous le retrouverons demain matin. En attendant, je vais vous préparer la chambre qu'occupait ma pauvre défunte.....

(*Simon et Simonet rentrent.*)

SIMONET.

Et moi, je vais chercher notre lanterne, pour que vous ne vous cassiez pas le col dans notre escalier.

CLAUDIN, *renfonçant ses provisions dans ses poches.*

Et moi, je vais ôter la table, de manière qu'il n'y paraîtra plus rien tout à l'heure.

(*Claudin rentre par derrière.*)

VAUDEVILLE.

ISABELLE, à sa mère.
Air : *De Wicht.*

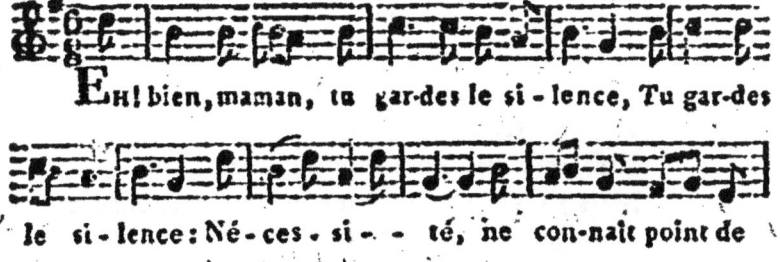

Eh! bien, maman, tu gardes le si-lence, Tu gardes

le si-lence: Né-ces-si-té, ne con-naît point de

loi; Que notre cœur s'ouvre à la con-fi-an-ce, s'ouvre à

la con-fi-an-ce, A-vec des gens remplis de bonne
foi,

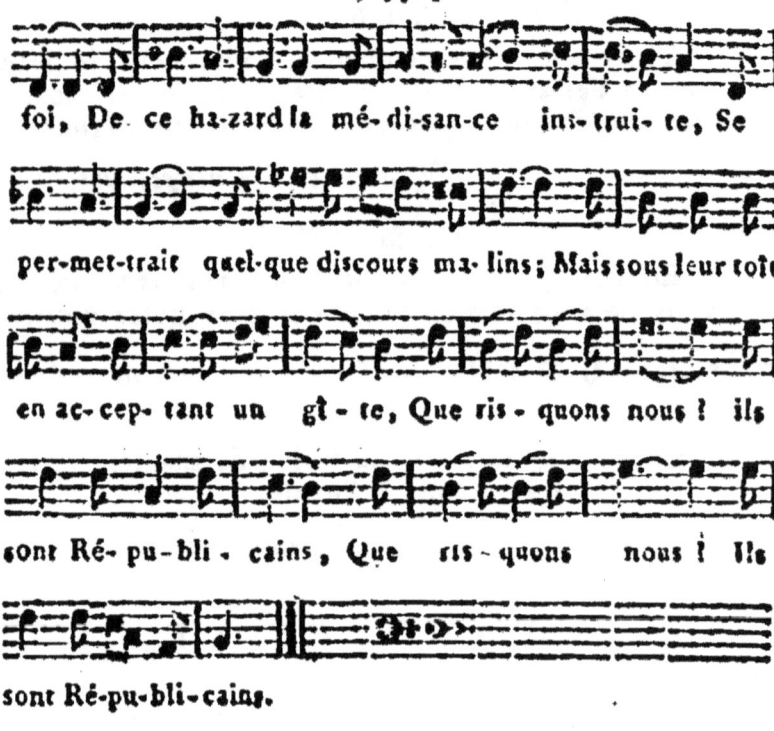

foi, De ce hazard la mé-di-san-ce ins-trui-te, Se
per-met-trait quel-que discours ma-lins; Mais sous leur toît
en ac-cep-tant un gî-te, Que ris-quons nous ! ils
sont Ré-pu-bli-cains, Que ris-quons nous ! Ils
sont Ré-pu-bli-cains.

SIMONET, *une lanterne à la main et suivi de Simon.*

C'est moi qui vais toutes deux vous conduire
Jusqu'à la chambre où demeurait maman,
Et je prétends, c'est à vous d'y souscrire,
Etre embrassé pour mon remerciement.
Mais j'y veux mettre une autre clause encore,
C'est qu'en bon frère, en bon fils, tour à tour,
Demain matin, au lever de l'aurore,
Par un baiser je vous dirai bonjour.

La Mère ISABEAU.

Pour recueillir et la fille et la mère,
Vous insistez, et vous et votre fils.
Pour mettre fin à notre peine amère,
Combien de soins tous deux vous avez pris.

C

Ah! Simonet, ah! Simon! il me semble
Que pour payer un bienfait aussi doux,
Nous ne pouvons vous souhaiter ensemble
Rien qu'une nuit, aussi bonne que vous.

(*Elles rentrent, et Simon les salue.*)

SIMON, *seul.*

Après avoir travaillé sans relâche,
Je vais dormir avec sécurité.
Puisqu'aujourd'hui j'ai pu remplir ma tâche
De bienfaisance et d'hospitalité.
Offrir l'asile à des ames sensibles,
A son profit c'est être généreux;
Et l'homme aurait toutes les nuits paisibles,
Si tous les jours il faisait des heureux.

(*Il rentre.*)

CLAUDIN, *par la lucarne, au Public.*

Dans mon grenier, j'ai peur quand il fait sombre,
Dans mon grenier, j'ai peur quand il fait clair;
Il est prouvé que j'ai peur de mon ombre,
D'un bruit de feuille, et du calme de l'air.
Vous qui passez tout près de notre asile,
Dans la forêt, sur-tout, point de sifflet;
Si vous voulez que je dorme tranquille,
Vous savez bien le seul bruit qui me plaît.

(*Ils reparaissent tous à leur croisée, pour reprendre les 4 quatre derniers vers.*)

FIN.

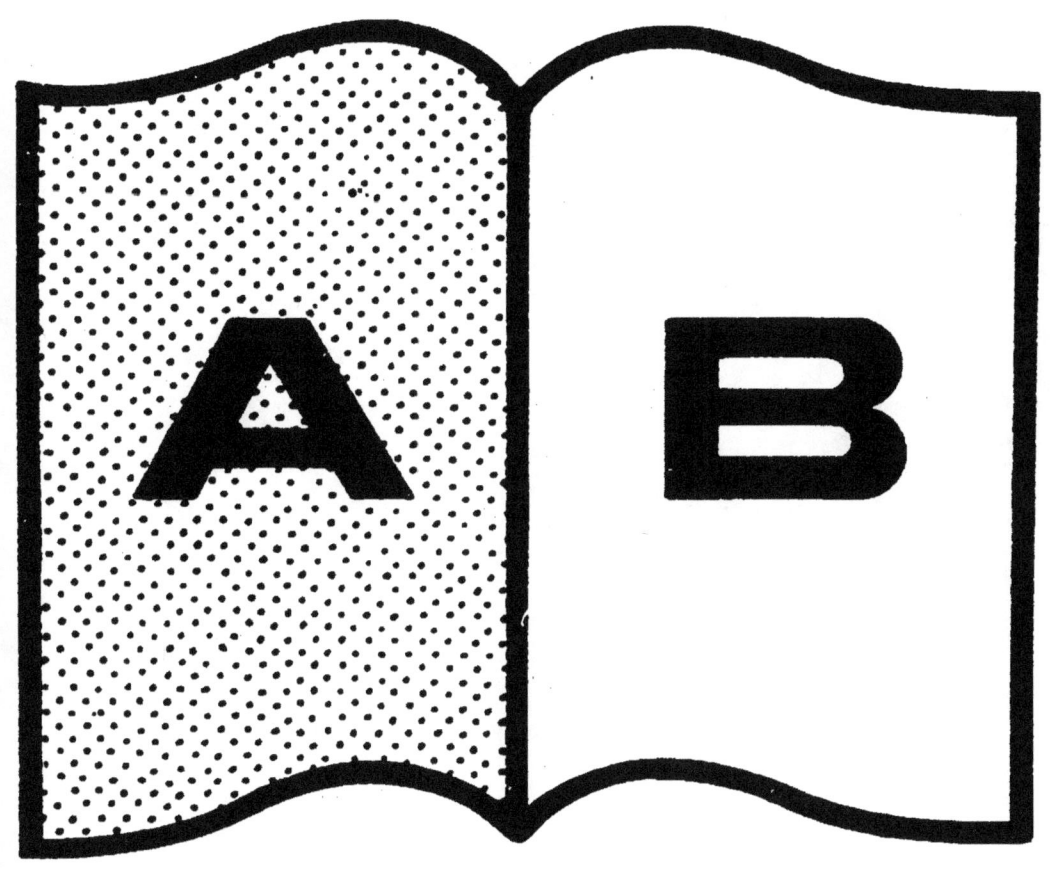

Contraste insuffisant

NF Z 43-120-14

www.ingramcontent.com/pod-product-compliance
Lightning Source LLC
Chambersburg PA
CBHW060708050426
42451CB00010B/1336